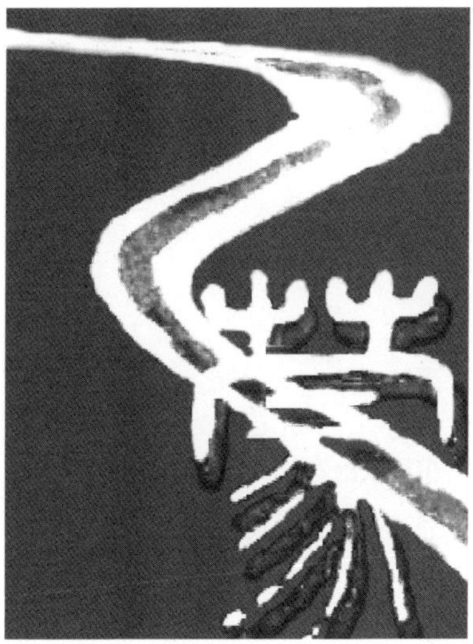

손으로 쓰는 책 계몽

초판인쇄 2020년 7월 20일

초판발행 2020년 7월 27일

역해자_김현길

디자인_이혜원

발행인_김현길

발행처_도서출판 문파랑

등 록_제313-2006-000253호

주 소_서울시 은평구 은평로2길 19(동진B 301호)

전 화_ 02) 3142-3827

팩 스_02) 6442-0839

Email_ aveva@naver.com

값 9,800원

ISBN 978-89-94575-54-4 (03140)

이 도서의 국립중앙도서관 출판예정도서목록(CIP)은 서지정보유통지원 시스템 홈페이지(http://seoji.nl.go.kr)와 국가자료종합목록 구축시스템(http://kolis-net.nl.go.kr)에서 이용하실 수 있습니다. (CIP제어번호 : CIP2020029347)

계몽

도서출판 문파랑 文波浪

기획의 말

이 책은 한문 고전인 〈계몽〉을 한글로 풀이하여 독자에게 소개하고, 또 한자와 한문을 아울러 익히는 데 도움을 주고자 출간되었다.

〈계몽〉은 조선시대 서당에서 학동이 〈천자문〉을 뗀 다음 한문 기초를 배우기 위한, 오늘날 초등 교과서에 해당하는 책이다.

이제 막 한문 공부에 첫 발을 뗀 사람을 이 책의 일차 독자로 상정하여, 한문 해석이 실제로 어떻게 이뤄지는지 이해하기 쉽도록 직역을 원칙으로 삼았다.

한자 풀이는 훈과 음을 달되 그 한자의 대표적으로, 일반적으로 쓰이는 의미뿐만 아니라 문맥과 품사 용법에 따라 다르게 쓰이는 의미도 나열했다.

이 책의 본문 구성에서 한자 어휘와 문장 구절을 독자가 직접 손으로 쓸 수 있는 연습란을 별도로 마련하였다.

손으로 직접 글을 옮겨 쓰는 필사의 그 정서적이며 실용적인 효과를 굳이 덧붙이지 않는 까닭은, 천릿길도 한 걸음부터란 말마따나 다만 실천의 문제이기 때문이다.

일러두기

之_갈 지/ 가다, 이르다, 도달하다// '~의', 관형격 어조사.
係_맬 계/ 매다, 묶다, 잇다// 끈, 줄, 핏줄, 혈통.

훈과 음 다음의 / 표시 뒤에는 글자 뜻을 열거하였고, // 표시 뒤에는 품사를 달리하는 글자 뜻을 나열하거나 본문에서 쓰인 문법적 구실을 설명하였다.

목 차

首篇

上有天하고 下有地하니 天地之間에 有人焉하고 有萬
상유천 하유지 천지지간 유인언 유만
物焉이니라.
물언

日月星辰者는 天之所係也요 江海山嶽者는 地之
일월성신자 천지소계야 강해산악자 지지
所載也며 父子君臣夫婦長幼朋友者는 人之大倫
소재야 부자군신부부장유붕우자 인지대륜
也니라.
야

以東西南北으로 定天地之方하고 以青黃赤
이동서남북 정천지지방 이청황적
白黑으로 定物之色하고 以酸鹹辛甘苦로 定
백흑 정물지색 이산함신감고 정
物之味하고 以宮商角徵羽로 定物之聲하고
물지미 이궁상각치우 정물지성
以一二三四五六七八九十百千萬億으로 總
이일이삼사오육칠팔구십백천만억 총
物之數하니라.
물지수

右는 首篇이라.
우 수편

字解

篇_책 **편**/ 편(완결된 서책이나 시문을 세는 말).
之_갈 **지**/ 가다, 이르다, 도달하다// '~의', 관형격 어조사.
焉_어찌 **언**/ 어찌, 어떻게, 어디// 문맥에 따라 '於之' 또는 '於此'의 의미를 갖는 종결사.
萬_일만 **만**// 아주 많은 수효를 나타내며 '온갖', '모든'의 뜻을 지닌다.
物_물건 **물**/동물, 식물, 사물, 인물// 생명이 있든 무생물이든 막론하고 세상에 있는 일반, 곧 어떤 존재, 어떤 대상, 어떠한 생각 또는 판단 등을 뜻한다.
辰_별 **진**/별의 이름, 별의 총칭.
_때 **신**/ 시각, 아침, 새벽/ 해, 달, 별의 총칭(일월성신).
者_놈 **자**// '~하는 사람' 또는 '~하는 것'의 의미.
所_바 **소**/ 곳, 것, 경우// 所 뒤에 오는 동사는 '~이 되다', '~을 당하다', 곧 문맥상 피동의 뜻을 갖는다.
係_맬 **계**/ 매다, 묶다, 잇다// 끈, 줄, 핏줄, 혈통.
也_잇기 **야**/잇기(한곳에 대어 잇거나 한곳에 닿아서 붙는 일).
_어조사 **야**/ 주로 평서문에서 '~이다', '~구나', '~도다'의 뜻을 갖는 종결사.
嶽_큰 산 **악**/ 높은 산.

載_실을 **재**/ 싣다, 오르다, 등재하다(글을 싣다, 기록하다).
大_클 **대**/ 크다, 높다, 뛰어나다, 훌륭하다, 중대시하다.
倫_인륜 **륜**|**윤**/ 인륜, 윤리, 도리.
以_써 **이**// '~(으)로써', '~을 가지고', '~때문에'. 도구, 수단, 방법, 이유, 까닭 등을 가리키는 전치사나 후치사로 쓰인다.
酸_실 **산**/ (맛이) 시다, 신맛, 식초.
鹹_짤 **함**/ (맛이) 짜다.
궁상각치우宮商角徵羽: 서양의 7음계 도레미파솔라시도에 해당하는, 동양의 전통 음악에서 사용하는 다섯 음률.
徵_부를 **징**/ 구하다(모집), 거두다(징수)// 조짐, 징조.
_음률 이름 **치**.
億_억 **억**/ 많은 수// 헤아리다, 추측하다.
總_다 **총**/ 모두, 내내, 늘, 줄곧// 합하다, 모으다, 거느리다.
數_셈 **수**/ 세다, 계산하다, 헤아리다// 꾀, 몇(두서너, 대여섯).
_자주 **삭**/ 되풀이하다, 서두르다, 빠르다.

文解

위로는 하늘이 있고 아래로는 땅이 있으니, 하늘과 땅 사이에 사람이 있고 만물이 있다. 해와 달과 별은 하늘에 매달려 있고, 강과 바다와 산은 땅에 실려 있으며, 부자, 군신, 부부, 장유, 붕우는 사람의 중대한 윤리이다.

동, 서, 남, 북으로 천지의 방위를 정하고, 청색, 황색, 적색, 백색으로 만물의 색을 정하고, 신맛, 짠맛, 매운맛, 단맛, 쓴맛으로 만물의 맛을 정하고, 궁, 상, 각, 치, 우로써 만물의 소리를 정하고, 일, 이, 삼, 사, 오, 륙, 칠, 팔, 구, 십, 백, 천, 만, 억으로 만물의 수를 거느린다.

이상은 수편이다.

漢字練習

篇

책 편

焉

어찌 언

萬

일만 만

物

물건 물

辰

별 진

係

맬 계

嶽

큰 산 악

漢字練習

載

실을 재

倫

인륜 륜

酸

실 산

鹹

짤 함

徵

부를 징

億

억 억

總

다 총

文章練習

上有天하고 下有地하니 天地之間에 有人焉하고

有萬物焉이니라.

日月星辰者는 天之所係也요 江海山嶽者는

地之所載也며 父子君臣夫婦長幼朋友者는

人之大倫也니라.

以東西南北으로 定天地之方하고 以青黃赤白黑으로

定物之色하고 以酸鹹辛甘苦로 定物之味하고

以宮商角徵羽로 定物之聲하고

以一二三四五六七八九十百千萬億으로

總物之數하니라.

右는 首篇이라.

天篇

日出於東方하여 入於西方하니 日出則爲晝요 日入
일출어동방 입어서방 일출즉위주 일입

則爲夜니 夜則月星이 著見焉이니라.
즉위야 야즉월성 저현언

天有緯星하니 金木水火土五星이 是也요 有經星하니
천유위성 금목수화토오성 시야 유경성

角亢氐房心尾箕, 斗牛女虛危室壁, 奎婁胃昴畢觜
각항저방심미기 두우녀허위실벽 규루위묘필자

參, 井鬼柳星張翼軫, 二十八宿가 是也니라.
삼 정귀류성장익진 이십팔수 시야

一晝夜之內에 有十二時하니 十二時會而爲一日하고
일주야지내 유십이시 십이시회이위일일

三十日會而爲一月하고 十有二月合而成一歲니라.
삼십일회이위일월 십유이월합이성일세

月或有小月하니 小月則二十九日이 爲一月이요 歲
월혹유소월 소월즉이십구일 위일월 세

或有閏月하니 有閏則十三月이 成一歲니라.
혹유윤월 유윤즉십삼월 성일세

字解

於_어조사 **어**// '~에(서)', 장소를 나타내는 전치사.

_탄식할 **오**//'아아', 감탄사.

則_곧 **즉**/ 곧, ~이(라)면, ~하면// 조건절을 만드는 접속 부사.

_법칙 **칙**/ 본보기, 법칙, 준칙.

著_나타날 **저**/ 드러나다, 짓다, 저술하다.

_붙을 **착**/ (옷을) 입다, (머리에) 쓰다.

見_볼 **견**/ 보다, 보이다// 견해.

_나타날 **현**/ 뵙다, 드러나다.

緯_ 씨줄 **위**/ 가로// 짜다, 만들다.

經_ 날줄 **경**/ 세로, 글(경서), 법(도리)// 다스리다, 지나다.

亢_높을 **항**/ 높다, 지나치다, 겨루다(맞서다)// 별의 이름.

氐_근본 **저**/ 근원// 낮다, 천하다.

箕_키(곡식을 까부는 데 쓰는 농기구) **기**/ 삼태기// 별의 이름.

斗_말(용량의 단위) **두**/ 구기(자루가 달려서 술이나 죽 따위를 푸는 도구)// 별의 이름.

壁_벽 **벽**/ 담, 바람벽// 별의 이름.

奎_별 **규**/ 글, 문장.

婁_끌 **루|누**/ 끌다, 바닥에 대고 당기다, 아로새기다.

昴_별 이름 **묘**/ 별자리.

畢_마칠 **필**/ 다하다, 끝내다, 완성하다// 별의 이름.

觜_별 이름 **자**.

翼_날개 **익**/ 돕다, 이루다// 도움, 익성(별의 이름).

軫_수레 뒤턱 나무 **진**/ 진성(별의 이름).

而_말 이을 **이**/ 너, 자네, 그대//문맥에 따라 '그리고, 그래서', '그러니', '그러므로' 따위의 순접 접속사, 또는 '그러나', '하지만', '그렇지만' 따위의 역접 접속사로 쓰인다.

宿_잘 **숙**/ (잠을) 자다, 묵다, 숙박하다// 숙소, 여관.
_별자리 **수**.

이십팔수二十八宿: 옛 중국의 천문학에서 태양의 길, 곧 황도를 따라 펼쳐진 뭇 별들 가운데 그 대표적인 별자리 28개를 표지로 삼았는데 이를 28수라고 한다. 또 이 28수를 일곱 개씩 나눠 동서남북 네 방향에 따라 네 개의 무리로 구획했는데, 각각 동방의 청룡, 서방의 백호, 남방의 주작, 북방의 현무로 형상화했다. 이를테면 동방 7수는 춘분날 초저녁 동쪽 지평선에서 맨 처음 각수角宿가 떠오르며, 시간의 경과에 따라 차례대로 항亢·저氐·방房·심心·미尾·기箕가 뜬다. 각은 청룡의 뿔, 항은 청룡의 목, 저·방은 몸, 미는 꼬리를 상징한다.

-동방 7수: 항亢·저氐·방房·심心·미尾·기箕

-서방 7수: 누婁·위胃·묘昴·필畢·자觜·삼參

-남방 7수: 귀鬼·유柳·성星·장張·익翼·진軫

-북방 7수: 우牛·여女·허虛·위危·실室·벽壁

閏_윤달 **윤**/ 윤달이 들다.

歲_해 **세**/ 나이, 세월, 일생.

文解

해는 동쪽에서 떠서 서쪽으로 지니, 해가 나오면 낮이 된다. 해가 들어가면 밤이 되니, 밤에는 달과 별이 나타난다.

하늘에는 위성이 있으니 금성, 목성, 수성, 화성, 토성의 다섯 별이 이것이고, 경성이 있으니 각수, 항수, 저수, 방수, 심수, 미수, 기수, 두수, 우수, 여수, 허수, 위수, 실수, 벽수, 규수, 누수, 위수, 묘수, 필수, 자수, 삼수, 정수, 귀수, 유수, 성수, 장수, 익수, 진수의 이십팔수가 이것이다.

하루 낮과 밤 동안에 12시가 있으니 12시가 모여 하루가 되고, 30일이 모여 한 달이 되고, 열두 달이 모여 한 해를 이룬다.

달에는 간혹 작은 달이 있으니 작은 달은 29일이 한 달이 된다.

해에는 간혹 윤달이 있으니 윤달이 있으면 열세 달이 한 해를 이룬다.

漢字練習

著								

나타날 **저**

緯								

씨줄 **위**

經								

날줄 **경**

亢								

높을 **항**

氐								

근본 **저**

箕								

키 **기**

斗								

말 **두**

漢字練習

壁

벽 벽

奎

별 규

婁

끌 루

昴

별 이름 묘

畢

마칠 필

觜

별 이름 자

翼

날개 익

漢字練習

軫								

수레 뒤턱 나무 진

宿								

잘 숙

閏								

윤달 윤

歲								

해 세

文章練習

日出於東方하여 入於西方하니 日出則爲晝요

日入則爲夜니 夜則月星이 著見焉이니라.

天有緯星하니 金木水火土五星이 是也요

有經星하니 角亢氐房心尾箕, 斗牛女虛危室壁,

奎婁胃昴畢觜參, 井鬼柳星張翼軫, 二十八宿가

是也니라.

一晝夜之內에 有十二時하니 十二時會而爲一日하고

三十日會而爲一月하고 十有二月合而成一歲니라.

月或有小月하니 小月則二十九日이 爲一月이요

歲或有閏月하니 有閏則十三月이 成一歲니라.

十二時者는 卽地之十二支也니 所謂十二支者는 子
십이시자 즉지지십이지야 소위십이지자 자
丑寅卯辰巳午未申酉戌亥也요 天有十干하니 所謂十
축인묘진사오미신유술해야 천유십간 소위십
干者는 甲乙丙丁戊己庚辛壬癸也니라.
간자 갑을병정무기경신임계야

天之十干이 與地之十二支로 相合而爲六十甲子하니
천지십간 여지지십이지 상합이위육십갑자
所謂六十甲子者는 甲子乙丑丙寅丁卯로 至壬戌癸
소위육십갑자자 갑자을축병인정묘 지임술계
亥가 是也니라.
해 시야

十有二月者는 自正月二月로 至十二月也라 一歲之
십유이월자 자정월이월 지십이월야 일세지
中에 亦有四時하니 四時者는 春夏秋冬이 是也니라.
중 역유사시 사시자 춘하추동 시야

以十二月로 分屬於四時하니 正月二月三月은 屬之
이십이월 분속어사시 정월이월삼월 속지
於春하고 四月五月六月은 屬之於夏하고 七月八月九
어춘 사월오월육월 속지어하 칠월팔월구
月은 屬之於秋하고 十月十一月十二月은 屬之於冬
월 속지어추 십월십일월십이월 속지어동
이니라.

字解

支_지탱할 **지**/ 버티다, 유지하다// 가지, 팔과 다리, 지불, 지출.

丑_소 **축**/ 둘째 지지.

寅_범 **인**/ 세째 지지.

卯_토끼 **묘**/ 넷째 지지.

午_낮 **오**/ 정오, 일곱째 지지.

申_거듭 **신**/ 아홉째 지지// 거듭하다, 늘이다, 펴다, 말하다, 알리다.

戌_개 **술**/ 열한째 지지 해.

亥_돼지 **해**/ 열둘째 지지.

干_방패 **간**/ 천간, 십간, 줄기, 근본// 막다, 방어하다.

丙_남녘 **병**/ 셋째 천간.//밝다, 빛나다.

庚_별 **경**/ 일곱째 천간// 바뀌다, 변화하다.

癸_북방 **계**/ 북쪽, 열째 천간.

與_더불 **여**/ 더불다, 같이하다, 참여하다.

_줄 **여**/ 베풀다, 돕다, 허락하다, 인정하다.

自_스스로 **자**/자기, 몸소// ~(서)부터.

至_이를 **지**/ 도달하다, 힘쓰다, 이루다// ~까지.

屬_무리 **속**/ 동아리, 혈족// 붙다, 거느리다.

文解

십이시란 것은 곧 땅의 십이지이니, 이른바 십이지란 것은 자, 축, 인, 묘, 진, 사, 오, 미, 신, 유, 술, 해이다. 하늘엔 천간이 있으니, 이른바 십간이란 것은 갑, 을, 병, 정, 무, 기, 경, 신, 임, 계이다.

하늘의 십간과 땅의 십이지로 서로 합하여 육십갑자를 만드는데, 이른바 육십갑자란 것은, 갑자, 을축, 병인, 정묘에서 임술, 계해에 이르는, 이것이다.

열두 달이란 정월, 이월로부터 십이월까지다. 일 년 중에 또 사시가 있으니, 사시란 봄, 여름, 가을, 겨울이 이것이다.

열두 달로써 사시에 나누어 붙이니, 정월과 이월과 삼월은 봄에 속하고, 사월과 오월과 유월은 여름에 속하고, 칠월과 팔월과 구월은 가을에 속하고, 시월과 십일월과 십이월은 겨울에 속한다.

漢字練習

支

지탱할 지

丑

소 축

寅

범 인

卯

토끼 묘

午

낮 오

申

거듭 신

戌

개 술

漢字練習

亥								

돼지 **해**

干								

방패 **간**

丙								

남녘 **병**

庚								

별 **경**

癸								

북방 **계**

與								

더불 **여**

屬								

무리 **속**

文章練習

十二時者는 卽地之十二支也니 所謂十二支者는

子丑寅卯辰巳午未申酉戌亥也요 天有十干하니

所謂十干者는 甲乙丙丁戊己庚辛壬癸也니라.

天之十干이 與地之十二支로 相合而爲六十甲子하니

所謂六十甲子者는 甲子乙丑丙寅丁卯로

至壬戌癸亥가 是也니라.

十有二月者는 自正月二月로 至十二月也라

一歲之中에 亦有四時하니 四時者는 春夏秋冬이

是也니라.

以十二月로 分屬於四時하니 正月二月三月은

屬之於春하고 四月五月六月은 屬之於夏하고

七月八月九月은 屬之於秋하고 十月十一月十二月은

屬之於冬이니라.

晝長夜短而天地之氣가 大暑則爲夏하고 夜長晝短
주 장 야 단 이 천 지 지 기 대 서 즉 위 하 야 장 주 단
而天地之氣가 大寒則爲冬이니 春秋則晝夜長短이 平
이 천 지 지 기 대 한 즉 위 동 춘 추 즉 주 야 장 단 평
均하되 而春氣는 微溫하고 秋氣는 微涼이니라.
균 이 춘 기 미 온 추 기 미 량

春三月이 盡하면 則爲夏하고 夏三月이 盡하면 則爲秋
춘 삼 월 진 즉 위 하 하 삼 월 진 즉 위 추
하고 秋三月이 盡하면 則爲冬하고 冬三月이 盡하면 則復
추 삼 월 진 즉 위 동 동 삼 월 진 즉 부
爲春이니 四時相代而歲功이 成焉이니라.
위 춘 사 시 상 대 이 세 공 성 언

春則萬物이 始生하고 夏則萬物이 長養하고 秋則萬
춘 즉 만 물 시 생 하 즉 만 물 장 양 추 즉 만
物이 成熟하고 冬則萬物이 閉藏하나니 然則萬物之所
물 성 숙 동 즉 만 물 폐 장 연 즉 만 물 지 소
以生長收藏이 無非四時之功也니라.
이 생 장 수 장 무 비 사 시 지 공 야

右는 天篇이라.
우 천 편

字解

暑_더울 **서**// 여름.

寒_찰 **한**// 추위.

均_고를 **균**/ 평평하다, 가지런히 하다.

微_작을 **미**/자질구레하다, 천하다.

溫_따뜻할 **온**/따뜻하다, 데우다, 익히다, 학습하다.

涼_서늘할 **량**/ 외롭다, 쓸쓸하다// 가을.

復_회복할 **복**/ 돌아가다, 돌아오다.

_다시 **부**/ 거듭.

熟_익을 **숙**/ 무르익다, 여물다, 익숙하다, 숙련하다.

閉_닫을 **폐**/ 닫다, 막다, 막히다.

藏_감출 **장**/ 숨다// 곳집, 곳간, 광.

文解

낮이 길고 밤이 짧으면서 하늘과 땅의 기운이 많이 더우면 여름이 되고, 밤이 길고 낮이 짧으면서 천지의 기운이 많이 차면 겨울이 된다. 봄, 가을은 낮과 밤의 길고 짧은 길이가 고르게 같되, 봄 기운은 조금 따뜻하고 가을 기운은 조금 서늘하다.

봄 석 달이 다하면 여름이 되고, 여름 석 달이 다하면 가을이 되고, 가을 석 달이 다하면 겨울이 되고, 겨울 석 달이 다하면 다시 봄이 되니, 사시가 서로 대신하면서 한 해의 공력이 이루어진다.

봄이 되면 만물이 비로소 생하고, 여름이면 만물이 자라고 길러지며, 가을엔 만물이 성숙하고, 겨울엔 만물이 드러나지 않게 감춰진다. 그러므로 만물이 생기고 자라고 거둬지고 감춰지는 데 사시의 공력 아닌 것이 없다.

이상은 천편이다.

漢字練習

暑

더울 서

寒

찰 한

均

고를 균

微

작을 미

溫

따뜻할 온

涼

서늘할 량

復

회복할 복

漢字練習

熟								

익을 숙

閉								

닫을 폐

藏								

감출 장

文章練習

晝長夜短而天地之氣가 大暑則爲夏하고

夜長晝短而天地之氣가 大寒則爲冬이니

春秋則晝夜長短이 平均하되 而春氣는 微溫하고

秋氣는 微涼이니라.

春三月이 盡하면 則爲夏하고 夏三月이 盡하면

則爲秋하고 秋三月이 盡하면 則爲冬하고

冬三月이 盡하면 則復爲春이니 四時相代而歲功이

成焉이니라.

春則萬物이 始生하고 夏則萬物이 長養하고

秋則萬物이 成熟하고 冬則萬物이 閉藏하나니

然則萬物之所以生長收藏이 無非四時之功也니라.

右는 天篇이라.

地篇

地之高處가 便爲山하고 地之低處가 便爲水니 水之
지지고처 변위산 지지저처 변위수 수지
小者를 謂川이요 水之大者를 謂江이며 山之卑者를 謂
소자 위천 수지대자 위강 산지비자 위
丘요 山之峻者를 謂岡이니라.
구 산지준자 위강

天下之山이 莫大於五嶽하니 五嶽者는 泰山嵩山衡
천하지산 막대어오악 오악자 태산숭산형
山恒山華山也요 天下之水가 莫大於四海하니 四海者는
산항산화산야 천하지수 막대어사해 사해자
東海西海南海北海也라.
동해서해남해북해야

山海之氣가 上與天氣로 相交하면 則興雲霧하고
산해지기 상여천기 상교 즉흥운무
降雨雪하며 爲霜露하고 生風雷니라.
강우설 위상로 생풍뢰

字解

之_갈 **지**// 문맥상 관형격, 주격 조사로써 쓰인다. 또 대명사나 동사로도 사용된다.

便_편할 **편**/ 아첨하다.

_똥오줌 **변**/ 곧, 문득.

低_낮을 **저**/ 숙이다.

卑_낮을 **비**/ 낮추다, 천하다.

丘_언덕 **구**/ 구릉, 뫼.

峻_높을 **준**/ 가파르다, 준엄하다, 엄하다.

岡_산등성이 **강**/ 고개, 비탈길.

莫_없을 **막**/ 말다, 하지 말라.

於_어조사 **어**// '~보다', 비교를 나타내는 전치사.

嶽_큰 산 **악**/ 우뚝 솟다.

泰_클 **태**/ 심하다, 지나치다// 산 이름.

嵩_높은 산 **숭**/ 높다, 우뚝 솟다// 산 이름.

衡_저울대 **형**/ 저울, 준칙// 무게를 달다, 저울질하다.

恒_항상 **항**/ 늘, 언제나.//변함없다, 한결같다.

華_빛날 **화**/ 화려하다, 호화롭다// 꽃, 산 이름.

交_사귈 **교**/ 교제하다, 주고받다, 바꾸다, 섞이다.

興_일 **흥**/ 일으키다, 시작하다// 흥, 흥미, 취미.

霧_안개 **무**.

降_내릴 **강**/ 떨어지다, 내려 주다.

_항복할 **항**/ 항복시키다.

雷_우레 **뢰**|**뇌**.

文解

땅의 높은 곳은 곧 산이 되고 땅의 낮은 곳은 곧 물이 된다. 물이 작은 것을 시내라 이르고 물이 큰 것을 강이라 말하며 산이 낮은 것을 언덕이라 이르고 산이 높은 것을 산등성이라고 말한다.

천하에서 오악보다 큰 산은 없으니 오악이란 태산, 숭산, 형산, 항산, 화산이다. 천하에서 사해보다 큰 물은 없으니 사해란 동해, 서해, 남해, 북해이다.

산과 바다의 기운이 올라가 하늘의 기운과 서로 섞이면 구름과 안개를 일으키고 비와 눈을 내리며, 서리와 이슬을 만들고 바람과 우레를 만든다.

漢字練習

便

편할 편

低

낮을 저

卑

낮을 비

丘

언덕 구

峻

높을 준

岡

산등성이 강

莫

없을 막

漢字練習

嶽								

큰 산 악

泰								

클 태

嵩								

높은 산 숭

衡								

저울대 형

恒								

항상 항

華								

빛날 화

興								

일으킬 흥

漢字練習

霧								

안개 **무**

降								

내릴 **강**

雷								

우레 **뢰**

文章練習

地之高處가 便爲山하고 地之低處가 便爲水니

水之小者를 謂川이요 水之大者를 謂江이며

山之卑者를 謂丘요 山之峻者를 謂岡이니라.

天下之山이 莫大於五嶽하니 五嶽者는

泰山嵩山衡山恒山華山也요 天下之水가

莫大於四海하니 四海者는 東海西海南海北海也라.

山海之氣가 上與天氣로 相交하면 則興雲霧하고

降雨雪하며 爲霜露하고 生風雷니라.

暑氣가 蒸鬱하면 則油然而作雲하여 沛然而下雨하고
서기 증울 즉유연이작운 패연이하우

寒氣가 陰凝하면 則露結而爲霜하고 雨凝而成雪이라
한기 음응 즉로결이위상 우응이성설

故로 春夏에 多雨露하고 秋冬에 多霜雪하니 變化莫測
고 춘하 다우로 추동 다상설 변화막측

者는 風雷也니라.
자 풍뢰야

古之聖王이 畫野分地하여 建邦設都하시니 四海之內에
고지성왕 획야분지 건방설도 사해지내

其國이 有萬이요 而一國之中에 各置州郡焉하고 州郡
기국 유만 이일국지중 각치주군언 주군

之中에 各分鄕井焉하고 爲城郭하여 以禦寇하고 爲宮
지중 각분향정언 위성곽 이어구 위궁

室하여 以處人하고 爲耒耜하여 敎民耕稼하고 爲釜甑하여
실 이처인 위뢰사 교민경가 위부증

敎民火食하고 作舟車하여 以通道路하시니라.
교민화식 작주거 이통도로

字解

蒸_찔 **증**/ (증기로) 데우다, 찌다.

鬱_답답할 **울**/ 우울하다, 울적하다, 울창하다, 우거지다.

증울蒸鬱하다: 무더위로 숨이 꽉 막히고 답답하다.

油_기름 **유**/ 윤, 광택// 성하게 일어나는 모양, 구름이 일다.

然_그러할 **연**//소리나 모습 등 상태를 나타내는 접미사.

沛_비 쏟아질 **패**// 늪, 습지.

陰_그늘 **음**/ 응달, 음기, 그림자, 가을과 겨울// 그늘지다, 어둡다, 음침하다.

凝_엉길 **응**/ 굳어지다, 얼다, 얼어붙다.

露_이슬 **로**|**노**// 드러나다, 나타나다.

測_헤아릴 **측**/ 재다.

畫_그림 **화**/ 그리다.

_그을 **획**/ 긋다, 분할하다, 구분하다.

邦_나라 **방**/ 서울, 수도.

都_도읍 **도**/ 서울, 도시.

置_둘 **치**/ 베풀다, 세우다, 설치하다// 값, 값어치.

郭_둘레 **곽**/ 가장자리, 성곽, 외성.

禦_막을 **어**/ 방어하다, 금하다.

寇_도적 **구**/ 떼도둑, 외적, 원수// 약탈하다, 해치다.

耒_쟁기 **뢰**.

耜_보습 **사**/ 보습(땅을 갈아 흙덩이를 일으키는 데 쓰는 농기구).

稼_심을 **가**/ 곡식, 양식, 농사, 농작물.

釜_가마솥 **부**.

甑_시루 **증**/ 시루(떡을 찌는 데 쓰는 둥근 질그릇).

文解

더운 기운이 푹푹 쪄대면 뭉게뭉게 구름을 일으켜 한바탕 세차게 비를 내리고, 찬 기운이 가을과 겨울에 엉기면 이슬이 맺혀 서리를 만들고 비가 응결하여 눈을 만든다. 그러므로 봄과 여름에는 비와 이슬이 많고, 가을과 겨울에는 서리와 눈이 많으니, 변화를 헤아릴 수 없는 것은 바람과 우레다.

옛날의 성왕이 들판을 긋고 땅을 나누어 나라를 세우고 도읍을 마련하였으니, 사해 안에 그 나라가 대단히 많았다. 그리고 한 나라 안에는 주와 군을 따로 두었고, 주와 군 안에는 각각 향과 정을 구분하고 성곽을 지어 도적을 막았고, 집집을 지어 사람들을 살게 하였고, 쟁기와 보습을 만들어 백성에게 땅 갈고 곡식 심는 일을 가르쳤고, 가마솥과 시루를 만들어 백성에게 음식을 불에 익혀 먹는 방법을 가르쳤고, 배와 수레를 만들어 길들을 통하게 하였다.

漢字練習

蒸

찔 증

鬱

답답할 울

油

기름 유

然

그러할 연

沛

비 쏟아질 패

陰

그늘 음

凝

엉길 응

漢字練習

露								

이슬 로

測								

헤아릴 측

卑								

낮을 비

畫								

그림 화

邦								

나라 방

都								

도읍 도

置								

둘 치

漢字練習

郭

둘레 곽

禦

막을 어

寇

도적 구

耜

보습 사

稼

심을 가

釜

가마솥 부

甑

시루 증

文章練習

暑氣가 蒸鬱하면 則油然而作雲하여 沛然而下雨하고

寒氣가 陰凝하면 則露結而爲霜하고 雨凝而成雪이라

故로 春夏에 多雨露하고 秋冬에 多霜雪하니

變化莫測者는 風雷也니라.

古之聖王이 畫野分地하여 建邦設都하시니

四海之內에 其國이 有萬이요 而一國之中에

各置州郡焉하고 州郡之中에 各分鄕井焉하고

爲城郭하여 以禦寇하고 爲宮室하여 以處人하고

爲耒耜하여 敎民耕稼하고 爲釜甑하여 敎民火食하고

作舟車하여 以通道路하시니라.

金木水火土가 在天에 爲五星이요 在地에 爲五行이니
금목수화토 재천 위오성 재지 위오행

金은 以爲器하고 木은 以爲宮하고 穀生於土하여 取水
금 이위기 목 이위궁 곡생어토 취수

火爲飮食하니 則凡人日用之物이 無非五行之物也니라.
화위음식 즉범인일용지물 무비오행지물야

五行이 固有相生之道하니 水生木하고 木生火하고
오행 고유상생지도 수생목 목생화

火生土하고 土生金하고 金이 復生水하니 五行之相生
화생토 토생금 금 부생수 오행지상생

也無窮하여 而人用이 不竭焉이니라.
야무궁 이인용 불갈언

五行이 亦有相克之理하니 水克火하고 火克金하고
오행 역유상극지리 수극화 화극금

金克木하고 木克土하고 土復克水하니 乃操其相克之
금극목 목극토 토부극수 내조기상극지

權하여 能用其相生之物者는 是人之功也니라.
권 능용기상생지물자 시인지공야

右는 地篇이라.
우 지편

字解

穀_곡식 **곡**/ 기르다, 양육하다.

窮_다할 **궁**/ 극에 달하다, 궁구하다, 연구하다.

_곤궁할 **궁**/ 가난하고 어렵다.

竭_다할 **갈**/ 없어지다, 끝나다.

操_잡을 **조**/ 쥐다, 조종하다// 지조, 절개.

權_권세 **권**/ 권력, 권한, 권리, 저울, 방편// 저울질하다.

文解

금, 목, 수, 화, 토는 하늘에 있어 오성이 되고, 땅에 있어 오행이 된다. 쇠는 그릇을 만들고, 나무는 집을 짓고, 곡식은 흙에서 생겨 물과 불을 가지고 음식을 만드니, 무릇 사람이 날마다 쓰는 물건은 오행의 물건 아닌 것이 없다.

오행은 본래 상생하는 이치가 있으니, 물은 나무를 낳고, 나무는 불을 낳고, 불은 흙을 낳고, 흙은 쇠를 낳고, 쇠는 다시 물을 낳으니, 오행의 상생은 끝없어서 사람의 일용에 다함이 없다.

오행은 또한 상극하는 도리가 있으니, 물은 불을 이기고, 불은 쇠를 이기고, 쇠는 나무를 이기고, 나무는 흙을 이기고, 흙은 다시 불을 이기니, 이에 그 상극하는 방편을 조종하여 그 상생의 물건을 이용할 수 있는 것은 사람의 공로이다.

이상은 지편이다.

漢字練習

穀

곡식 곡

窮

다할 궁

竭

다할 갈

操

잡을 조

權

권세 권

文章練習

金木水火土가 在天에 爲五星이요 在地에 爲五行이니

金은 以爲器하고 木은 以爲宮하고 穀生於土하여

取水火爲飮食하니 則凡人日用之物이

無非五行之物也니라.

五行이 固有相生之道하니 水生木하고 木生火하고

火生土하고 土生金하고 金이 復生水하니

五行之相生也無窮하여 而人用이 不竭焉이니라.

五行이 亦有相克之理하니 水克火하고 火克金하고

金克木하고 木克土하고 土復克水하니

乃操其相克之權하여 能用其相生之物者는

是人之功也니라.

右는 地篇이라.

物篇

天地生物之數가 有萬其衆이니 而若言其動植之物
천지생물지수 유만기중 이약언기동식지물
이면 則草木禽獸蟲魚之屬이 最其較著者也니라.
즉초목금수충어지속 최기교저자야

飛者는 爲禽이요 走者는 爲獸요 鱗介者는 爲蟲魚요
비자 위금 주자 위수 인개자 위충어
根植者는 爲草木이니라.
근식자 위초목

飛禽은 卵翼하고 走獸는 胎乳하며 飛禽은 巢居하고
비금 난익 주수 태유 비금 소거
走獸는 穴處하며 蟲魚之物은 化生者가 最多하며 而亦
주수 혈처 충어지물 화생자 최다 이역
多生於水濕之地니라.
다생어수습지지

字解

其_그 **기**/ 그것, 만약, 아마도, 이미, 이에, 그래서// 문맥에 따라서 음절을 조정하며 말의 어조와 어세를 강하게 하는 어조사로 사용된다.

衆_무리 **중**/ 백성, 서민, 많은 일, 많은 물건// 많다.

若_같을 **약**/이와 같다, 만약.

禽_새 **금**/ 날짐승.

獸_짐승 **수**/ 길짐승, 가축.

蟲_벌레 **충**.

屬_무리 **속**/ 동아리, 혈족// 붙다, 부착하다, 거느리다.

_이을 **촉**/ 잇다, 모이다, 글을 엮다.

最_가장 **최**/ 최상, 제일, 으뜸.

較_견줄 **교**/ 견주다, 비교하다.

鱗_비늘 **린**/ 비늘이 있는 동물.

介_낄 **개**/ 사이에 끼다, 소개하다, 의지하다, 돕다.

_낱 **개**/ 낱(물건을 세는 단위), 갑옷, 딱딱한 껍질.

卵_알 **란**/ 기르다, 자라게 하다.

翼_날개 **익**/ 도움// 돕다, 이루다.

난익卵翼: 어미 닭이 알을 품듯, 품에 안아서 고이 기르다.

≒난육卵育.

胎_아이 밸 **태**/ 잉태하다, 기르다// 태아, 태반, 근원, 처음.

乳_젖 **유**/ 젖을 먹이다, 수유하다, 기르다.

巢_새집 **소**/ 둥지// 깃들이다, 모이다.

穴_구멍 **혈**/ 굴, 동굴, 구덩이// 구멍을 뚫다, 혈거하다.

화생化生: 생물의 몸이나 그 일부분이 형태와 기능에서 뚜렷하게 변화하는 일.

濕_젖을 **습**/ 축축하다// 습기, 물기.

文解

천지 생물의 수가 대단히 많고도 많으니, 만약 그 동물과 식물을 말한다면, 풀과 나무, 날짐승과 길짐승, 곤충과 물고기의 무리가 가장 두드러지게 나타나는 것들이다.

나는 것은 새가 되고, 뛰는 것은 짐승이 되고, 비늘과 딱딱한 껍질이 있는 것은 벌레와 물고기가 되고, 뿌리로 심어진 것은 초목이 된다.

날짐승은 알을 낳아 날개로 품으며, 길짐승은 새끼를 낳아 젖을 먹이며, 나는 새는 둥지에서 살고, 뛰는 짐승은 굴에서 살며, 벌레와 물고기는 그 몸에 변화가 생기는 일이 가장 많으며 또 물이나 습한 땅에서 많이들 산다.

漢字練習

衆

무리 중

若

같을 약

禽

새 금

獸

짐승 수

蟲

벌레 충

屬

무리 속

最

가장 최

漢字練習

較								

견줄 교

鱗								

비늘 린

介								

낄 개

卵								

알 란

翼								

날개 익

胎								

아이 밸 태

乳								

젖 유

漢字練習

巢

새집 소

穴

구멍 혈

濕

젖을 습

文章練習

天地生物之數가 有萬其衆이니

而若言其動植之物이면

則草木禽獸蟲魚之屬이 最其較著者也니라.

飛者는 爲禽이요 走者는 爲獸요 鱗介者는 爲蟲魚요

根植者는 爲草木이니라.

飛禽은 卵翼하고 走獸는 胎乳하며 飛禽은 巢居하고

走獸는 穴處하며 蟲魚之物은 化生者가 最多하며

而亦多生於水濕之地니라.

春生而秋死者는 草也요 秋則葉脫하고 而春復榮華者는
춘생이추사자 초야 추즉엽탈 이춘부영화자

木也라 其葉은 蒼翠요 其花는 五色이니 其根이 深者는
목야 기엽 창취 기화 오색 기근 심자

枝葉이 必茂하고 其有花者는 必有實이니라.
지엽 필무 기유화자 필유실

虎豹犀象之屬은 在於山하고 牛馬鷄犬之物은 畜於家
호표서상지속 재어산 우마계견지물 휵어가

하니 牛以耕墾하고 馬以乘載하고 犬以守夜하고 鷄以司晨
우이경간 마이승재 견이수야 계이사신

하고 犀取其角하고 象取其牙하고 虎豹는 取其皮니라.
서취기각 상취기아 호표 취기피

山林에 多不畜之禽獸하고 川澤에 多無益之蟲魚라
산림 다불휵지금수 천택 다무익지충어

故로 人以力殺하고 人以智取하여 或用其毛羽骨角하고
고 인이력살 인이지취 혹용기모우골각

或供於祭祀賓客飮食之間이니라.
혹공어제사빈객음식지간

字解

葉_잎 **엽**/ 나뭇잎, 시대, 세대.

榮_영화 **영**/ 영예, 영광, 꽃// 성하다, 무성하다, 피다, 나타나다.

蒼_푸를 **창**// 푸른 빛깔.

翠_푸를 **취**// 비취색, 청록색, 물총새.

茂_무성할 **무**/ 우거지다.

者_놈 **자**/ 사람, 것, 곳, 장소// 문맥상 조건절로 보아 접속사 '~이면'의 뜻으로 해석할 수도 있다.

豹_표범 **표**.

犀_무소 **서**/ 코뿔소.

象_코끼리 **상**/ 꼴, 모양, 형상// 상징하다, 본뜨다, 본받다.

畜_짐승 **축**/ 가축, 비축// 쌓다, 모으다.

_기를 **휵**/ 양육하다, 먹이다.

墾_개간할 **간**/ 김매다.

乘_탈 **승**/ 타다, 오르다// 수레.

載_실을 **재**/ 싣다, 머리에 이다, 올라 타다.

司_맡을 **사**/ 엿보다, 살피다, 지키다// 벼슬, 관리.

澤_못 **택**/ 늪, 윤, 윤택, 덕택, 덕분// 축축하다, 습하다.

殺_죽일 **살**/ 죽다, 없애다, 지우다.

_빠를 **쇄**/ 빠르다, 덜다, 감하다.

供_이바지할 **공**/ 받들다, 모시다, 주다, 바치다// 공물.

文解

봄에 나서 가을에 죽는 것은 풀이고, 가을이면 잎이 떨어졌다가 봄에 다시 꽃을 피우는 것은 나무다. 그 잎은 푸르르고 그 꽃은 여러 빛깔이니 그 뿌리가 깊은 나무는 가지와 잎이 반드시 무성하고, 꽃이 있으면 꼭 그 열매가 있다.

호랑이, 표범, 무소, 코끼리 따위는 산에 있고, 소, 말, 닭, 개의 종류는 집에서 기르니, 소는 밭을 갈거나 땅을 개간하고, 말은 사람이 타거나 짐을 싣고, 개는 밤을 지키고, 닭은 새벽을 지키고, 무소는 그 뿔을 취하고, 코끼리는 그 어금니를 취하고, 호랑이와 표범은 그 가죽을 취한다.

산과 숲에는 가축으로 기를 수 없는 날짐승과 길짐승이 많고, 시냇물와 못물에는 무익한 벌레와 물고기가 많다. 그러므로 사람이 애써 없애고, 사람이 지혜를 써서 취하여, 어떤 경우엔 그 털과 깃털과 뼈와 뿔을 이용하고, 혹은 제사에서나 귀한 손님에게 드리는 음식으로 바쳐진다.

字練習

葉								

잎 엽

榮								

영화 영

蒼								

푸를 창

翠								

푸를 취

茂								

무성할 무

豹								

표범 표

犀								

무소 서

漢字練習

象

코끼리 상

畜

짐승 축

墾

개간할 간

乘

탈 승

載

실을 재

澤

못 택

殺

죽일 살

文章練習

春生而秋死者는 草也요 秋則葉脫하고

而春復榮華者는 木也라 其葉은 蒼翠요

其花는 五色이니 其根이 深者는 枝葉이 必茂하고

其有花者는 必有實이니라.

虎豹犀象之屬은 在於山하고 牛馬鷄犬之物은

畜於家하니 牛以耕墾하고 馬以乘載하고 犬以守夜하고

鷄以司晨하고 犀取其角하고 象取其牙하고

虎豹는 取其皮니라.

山林에 多不畜之禽獸하고 川澤에 多無益之蟲魚라

故로 人以力殺하고 人以智取하여

或用其毛羽骨角하고 或供於祭祀賓客飮食之間
이니라.

走獸之中에 有麒麟焉하고 飛禽之中에 有鳳凰焉
주수지중 유기린언 비금지중 유봉황언

하고 蟲魚之中에 有靈龜焉하고 有飛龍焉하니 此四物
충어지중 유령구언 유비룡언 차사물

者는 乃物之靈異者也라 故로 或出於聖王之世니라.
자 내물지령이자야 고 혹출어성왕지세

稻粱黍稷은 祭祀之所以供粢盛者也요 豆菽麰麥之
도량서직 제사지소이공자성자요 두숙모맥지

穀은 亦無非養人命之物이라 故로 百草之中에 穀植이
곡 역무비양인명지물 고 백초지중 곡식

最重이요 犯霜雪而不凋하고 閱四時而長春者는 松柏
최중 범상설이부조 열사시이장춘자 송백

也니 衆木之中에 松柏이 最貴니라.
야 중목지중 송백 최귀

梨栗柿棗之果가 味非不佳也로되 其香이 芬芳이라 故로
이률시조지과 미비불가야 기향 분방 고

果以橘柚로 爲珍하고 蘿蔔蔓菁諸瓜之菜가 種非不多
과이귤유 위진 나복만정제과지채 종비불다

也로되 其味辛烈이라 故로 菜以芥薑으로 爲重이니라.
야 기미신열 고 채이개강 위중

字解

麒_기린 **기**.

麟_기린 **린**.

鳳_봉새 **봉**/ 봉황.

凰_봉황 **황**.

靈_신령 **령**/ 영적인 존재, 존엄, 혼령, 영혼// 신령하다, 기이하다.

龜_거북 **구**|**귀**/ 거북 껍데기.
_터질 **균**/ 갈라지다.

稻_벼 **도**.

粱_기장 **량**|**양**/ 볏과의 한해살이 풀, 조, 곡식.

黍_기장 **서**.

稷_피 **직**/ 기장, 곡신(곡물의 신).

粢_기장 **자**/ 곡식.

盛_성할 **성**/ 무성하다, 성대하다.

자성粢盛: 제삿밥과 제사 음식. 자는 제사에 쓰는 기장과 피 따위의 곡식을, 성은 접시에 담긴 음식을 말한다.

菽_콩 **숙**.

麰_보리 **모**.

麥_보리 **맥**.

凋_시들 **조**/ 이울다, 여위다.

閱_볼 **열**/ 보다, 읽다, 검열하다, 조사하다, 지내다, 겪다.

梨_배나무 **리**/ 배.

栗_밤 **률|율**/ 밤나무/ 두려워하다.

柿_감 **시**/ 감나무.

_대팻밥 **폐**.

棗_대추 **조**/ 대추나무.

佳_아름다울 **가**/ 좋다, 훌륭하다.

芬_향기 **분**/ 향기롭다, 향내 나다.

芳_꽃다울 **방**/ 아름답다, 향기 나다// 향기, 꽃.

橘_귤 **귤**/ 귤나무.

柚_유자 **유**/ 유자나무.

珍_보배 **진**/ 보물, 맛있는 음식// 진귀하다, 소중하다.

蘿_무 **라**.

蔔_무 **복**.

蔓_덩굴 **만**/ 덩굴진 풀, 순무.

菁_우거질 **청**.

_순무 **정**.

瓜_오이 **과**/ 참외.

種_씨 **종**/ 종류, 종족// 뿌리다, 심다.

芥_겨자 **개**.

薑_생강 **강**.

甚_심할 **심**/ 지나치다// 몹시, 매우, 대단히.

文解

길짐승 가운데 기린이 있고, 날짐승 가운데 봉황이 있고, 벌레와 물고기 가운데 신령한 거북이 있고 하늘을 나는 용이 있으니, 이 네 가지는 곧 신령스럽고 기이한 동물이다. 그러한 까닭에 성왕의 세상에 어쩌다가 나타난다.

벼, 조, 기장, 피는 제사의 자성으로써 바치는 것이다. 팥, 콩, 보리의 곡물은 또 사람의 생명을 기르지 않는 것이 없는 까닭에, 온갖 풀들 중에서 곡식 식물이 가장 중요하다. 서리와 눈을 맞고도 시들지 않고, 사철을 겪고도 어느 때나 늘 봄빛인 것은 소나무와 잣나무이니 뭇 나무들 가운데 소나무와 잣나무가 가장 귀하다.

배, 밤, 감, 대추의 열매는, 맛이 좋지 않은 것은 아니되 그 향이 향긋한 까닭에 과일은 귤과 유자를 보배로 삼고, 무와 순무와 오이, 참외 따위의 여러 채소들은 종류가 많지 않은 것은 아니되 그 맛이 몹시 맵기 때문에 채소는 겨자와 생강을 소중히 여긴다.

漢字練習

麒

기린 기

麟

기린 린

鳳

봉새 봉

凰

봉황 황

靈

신령 령

龜

거북 구

稻

벼 도

漢字練習

粱

기장 량

黍

기장 서

稷

피 직

粢

기장 자

盛

성할 성

菽

콩 숙

麰

보리 모

漢字練習

麥

보리 **맥**

凋

시들 **조**

閱

볼 **열**

梨

배나무 **리**

栗

밤 **률**

柿

감 **시**

棗

대추 **조**

漢字練習

佳

아름다울 가

芬

향기 분

芳

꽃다울 방

橘

귤 귤

珍

보배 진

蘿

무 라

蔔

무 복

漢字練習

蔓								

덩굴 **만**

菁								

우거질 **청**

瓜								

오이 **과**

種								

씨 **종**

芥								

겨자 **개**

薑								

생강 **강**

甚								

심할 **심**

文章練習

走獸之中에 有麒麟焉하고 飛禽之中에 有鳳凰焉하고

蟲魚之中에 有靈龜焉하고 有飛龍焉하니

此四物者는 乃物之靈異者也라

故로 或出於聖王之世니라.

稻粱黍稷은 祭祀之所以供粢盛者也요

豆菽麰麥之穀은 亦無非養人命之物이라

故로 百草之中에 穀植이 最重이요 犯霜雪而不凋하고

閱四時而長春者는 松柏也니 衆木之中에

松柏이 最貴니라.

梨栗柿棗之果가 味非不佳也로되 其香이 芬芳이라

故로 果以橘柚로 爲珍하고 蘿蔔蔓菁諸瓜之菜가

種非不多也로되 其味辛烈이라 故로 菜以芥薑으로

爲重이니라.

水陸草木之花에 可愛者甚繁이로되 而陶淵明은 愛
수륙초목지화 가애자심번 이도연명 애

菊하고 周濂溪는 愛蓮하고 富貴繁華之人은 多愛牧丹
국 주렴계 애련 부귀번화지인 다애목단

하나니 淵明은 隱者라 故로 人以菊花로 比之於隱者하고
연명 은자 고 인이국화 비지어은자

濂溪는 君子라 故로 人以蓮花로 比之於君子하고 牧丹은
염계 군자 고 인이련화 비지어군자 목단

花之繁華者라 故로 人以牧丹으로 比之於繁華富貴之
화지번화자 고 인이목단 비지어번화부귀지

人이니라.
인

物之不齊는 乃物之情이라 故로 以尋丈尺寸으로 度
물이부제 내물지정 고 이심장척촌 탁

物之長短하고 以斤兩錙銖로 稱物之輕重하고 以斗斛
물지장단 이근량치수 칭물지경중 이두휘

升石으로 量物之多寡하니라.
승석 양물지다과

算計萬物之數는 莫便於九九하니 所謂九九者는
산계만물지수 막편어구구 소위구구자

九九八十一之數也니라.
구구팔십일지수야

右는 物篇이라.
우 물편

字解

繁_번성할 **번**/ 번거롭다, 많다, 무성하다.

陶_질그릇 **도**/ 도공, // (질그릇을) 굽다, 빚어 만들다.

濂_물 이름 **렴**|**염**/ 도랑물.

목단牧丹: 모란.

比_견줄 **비**/ 비교하다, 본뜨다, 나란히 하다, 겨루다.

齊_가지런할 **제**/ 같다, 동등하다, 질서 정연하다, 다스리다.

尋_찾을 **심**/ 캐묻다, 탐구하다, 생각하다// 길이의 단위, 여덟 자.

丈_어른 **장**/ 길이의 단위, 10척.

尺_자 **척**/ 치의 열 배.

寸_마디 **촌**/ 치(길이의 단위), 촌수(친족 혈통의 원근 관계를 세는 단위).

度_법도 **도**/ 법, 자, 도구, 도(온도의 단위).

_헤아릴 **탁**/ 추측하다, 생각하다.

斤_도끼 **근**/ 근(무게의 단위).

錙_저울눈 **치**/ 무게의 단위.

銖_저울눈 **수**/ 중량 단위.

치수錙銖: 옛날 중국에서 기장 낟알 100개의 무게를 1수, 24수를 1냥, 8냥을 1치라고 했다.

稱_일컬을 **칭**/ 일컫다, 부르다, 저울질하다, 헤아리다// 저울.

斗_말 두/ 용량의 단위.

斛_휘 곡/ 휘(곡식의 분량을 재는 그릇의 하나).

升_되 승/ 부피의 단위// 오르다, 나아가다, 이루다.

石_ 돌 석/ 섬(용량의 단위, 10말).

文解

물이나 땅에 사는 풀과 나무의 꽃에 가히 아낄 만한 것이 아주 많되, 도연명은 국화를 아꼈고, 주렴계는 연꽃을 아꼈고, 재산이 많고 신분이 높고 번창하고 호화로운 사람은 많이들 모란을 아끼니, 연명은 은자이었던 까닭에 사람들은 국화를 은자에 비유하고, 염계는 군자이었기에 사람들은 연꽃을 군자에 빗대고, 모란은 꽃 중에서 번화한 것이기 때문에 사람들은 모란을 번화하고 부귀한 사람에 비긴다.

사물이 가지런하지 않은 것은 곧 사물의 실정이다. 그러므로 심, 장, 척, 촌으로 물건의 길고 짧은 길이를 재고, 근, 냥, 치, 수로 물건의 가볍고 무거운 무게를 달고, 두, 곡, 승, 석으로 물건의 많고 적은 양을 헤아린다.

온갖 물건의 수를 계산하는 일은 구구법보다 편리한 것은 없으니, 이른바 구구법이란 구구팔십일(9×9=81)의 수이다.

이상은 물편이다.

漢字練習

繁								

번성할 **번**

陶								

질그릇 **도**

濂								

물 이름 **렴**

比								

견줄 **비**

齊								

가지런할 **제**

尋								

찾을 **심**

丈								

어른 **장**

漢字練習

尺								

자 척

錙								

저울눈 치

銖								

저울눈 수

稱								

일컬을 칭

斗								

말 두

斛								

휘 곡

升								

되 승

文章練習

水陸草木之花에 可愛者甚繁이로되

而陶淵明은 愛菊하고 周濂溪는 愛蓮하고

富貴繁華之人은 多愛牧丹하나니 淵明은 隱者라

故로 人以菊花로 比之於隱者하고 濂溪는 君子라

故로 人以蓮花로 比之於君子하고

牧丹은 花之繁華者라 故로 人以牧丹으로

比之於繁華富貴之人이니라.

物之不齊는 乃物之情이라 故로 以尋丈尺寸으로

度物之長短하고 以斤兩錙銖로 稱物之輕重하고

以斗斛升石으로 量物之多寡하니라.

算計萬物之數는 莫便於九九하니 所謂九九者는

九九八十一之數也니라.

右는 物篇이라.

人篇

萬物之中에 惟人이 最靈하니 有父子之親하며 有君
만물지중 유인 최령 유부자지친 유군

臣之義하며 有夫婦之別하며 有長幼之序하며 有朋友
신지의 유부부지별 유장유지서 유붕우

之信이니라.
지신

生我者는 爲父母요 我之所生이 爲子女요 父之父는
생아자 위부모 아지소생 위자녀 부지부

爲祖요 子之子이 爲孫이니라. 與我로 同父母者는 爲兄
위조 자지자 위손 여아 동부모자 위형

弟요 父母之兄弟는 爲叔이요 兄弟之子女는 爲姪이요
제 부모지형제 위숙 형제지자녀 위질

子之妻는 爲婦요 女之夫는 爲婿니라.
자지처 위부 여지부 위서

有夫婦然後에 有父子하니 夫婦者는 人道之始也라
유부부연후 유부자 부부자 인도지시야

故로 古之聖人이 制爲婚姻之禮하여 以重其事하시니라.
고 고지성인 제위혼인지례 이중기사

字解

別_나눌 **별**/ 헤어지다, 떠나다, 따로 떨어지다// 이별, 갈래.
　_다를 **별**/ 틀리다// 구별, 차별.
惟_생각할 **유**/ 오직, 오로지.
叔_아저씨 **숙**.
姪_조카 **질**.
婿_사위 **서**.
制_지을 **제**/ 만들다, 절제하다, 억제하다// 법도, 규정, 제도.
婚_혼인할 **혼**/ 결혼하다.
姻_혼인 **인**/ 혼인하다, 시집가다.

文解

세상 모든 것들 가운데 오직 사람이 가장 존엄하니, 부자의 친함이 있으며, 군신의 의로움이 있으며, 부부의 유별이 있으며, 장유의 차례가 있으며, 벗 사이의 믿음이 있기 때문이다.

나를 낳은 분은 부모가 되시고, 내가 낳으면 자녀가 된다. 아버지의 아버지는 할아버지가 되시고, 자식의 자식은 손자가 된다.

나와 더불어 부모가 같으면 형제가 되고, 부모의 형제는 숙부가 되시고, 형제의 자녀는 조카가 되고, 아들의 아내는 며느리가 되고, 딸의 남편은 사위가 된다.

부부가 있고 나서 부모와 자식이 있으니, 부부란 것은 사람이 지켜야 할 도리의 시초이다. 그러므로 옛 성인께서 혼인의 예법을 마련하여 그 일을 중요하게 여기셨다.

漢字練習

別

나눌 별

惟

생각할 유

叔

아저씨 숙

姪

조카 질

壻

사위 서

婚

혼인할 혼

丈

어른 장

文章練習

萬物之中에 惟人이 最靈하니 有父子之親하며

有君臣之義하며 有夫婦之別하며 有長幼之序하며

有朋友之信이니라.

生我者는 爲父母요 我之所生이 爲子女요

父之父는 爲祖요 子之子이 爲孫이니라.

與我로 同父母者는 爲兄弟요 父母之兄弟는

爲叔이요 兄弟之子女는 爲姪이요 子之妻는 爲婦요

女之夫는 爲婿니라.

有夫婦然後에 有父子하니 夫婦者는 人道之始也라

故로 古之聖人이 制爲婚姻之禮하여 以重其事하시니라.

人非父母면 無從而生이요 且人生三歲然後에 始免
인비부모 무종이생 차인생삼세연후 시면
於父母之懷라 故로 欲盡其孝면 則服勤至死하고 父母
어부모지회 고 욕진기효 즉복근지사 부모
沒이면 則致喪三年하여 以報其生成之恩이니라.
몰 즉치상삼년 이보기생성지은

耕於野者는 食君之土하고 立於朝者는 食君之祿이니
경어야자 식군지토 입어조자 식군지록
人이 固非父母면 則不生이요 亦非君이면 則不食이라
인 고비부모 즉불생 역비군 즉불식
故로 臣之事君이 如子之事父하여 唯義所在면 則舍命
고 신지사군 여자지사부 유의소재 즉사명
效忠이니라.
효충

人於等輩에 尙不可相踰어든 況年高於我하고 官貴
인어등배 상불가상유 황년고어아 관귀
於我하고 道尊於我者乎아 故로 在鄕黨이면 則敬其齒
어아 도존어아자호 고 재향당 즉경기치
하고 在朝廷이면 則敬其爵하여 尊其道而敬其德이 是
재조정 즉경기작 존기도이경기덕 시
禮也니라.
례야

字解

從_좇을 **종**/ 따르다, 나아가다, 말미암다.

免_면할 **면**/ 벗어나다.

懷_품을 **회**/ 생각하다, 임신하다// 품, 가슴, 생각, 마음.

服_옷 **복**/ 의복, 일 // 복종하다, 항복하다, 일하다, 행하다.

勤_부지런할 **근**/ 힘쓰다, 근심하다// 일, 임무, 근심, 걱정.

복근服勤하다: 힘든 일에 종사하다.

沒_빠질 **몰**/ 가라앉다, 다하다, 끝나다, 마치다, 죽다.

致_이를 **치**/ 도달하다, 이루다, 다하다.

喪_잃을 **상**/ 잃어버리다, 죽다, 상복을 입다, 상을 치르다/ 초상.

報_갚을 **보**/ 알리다.

朝_아침 **조**/ 조정, 왕조.

祿_녹 **록**/ 녹(관리의 봉급), 복, 행복// 녹을 주다.

舍_집 **사**/ 가옥// 놓다, 버리다, 포기하다.

效_본받을 **효**/ 배우다, 밝히다, 드리다, 바치다// 공, 공로, 보람, 효과.

等_무리 **등**/ 동아리, 부류, 등급, 순위, 따위.

輩_무리 **배**/ 동아리.

등배等輩: 일정한 사람들의 무리, 동년배, 또래.

踰_넘을 **유**/ 넘다, 지나가다.

鄕_시골 **향**/ 마을, 고향// 지난번.

黨_무리 **당**/ 동아리, 마을, 향리, 일가, 친척.

향당鄕黨: 자기가 태어났거나 사는 마을, 또는 그 마을 사람들.

齒_이 **치**/ 이빨, 나이, 연령.

爵_벼슬 **작**/ 벼슬을 내리다.

文解

사람은 부모가 아니면 말미암아 태어나지 못한다. 또 사람이 나서 세 살이 된 뒤에 비로소 부모의 품에서 벗어나는 까닭에, 그 효를 다하고자 바란다면 목숨을 다하도록 애써야 하고 부모가 돌아가시면 상을 삼 년 동안 치러서 그 낳아주시고 성숙하게 해주신 은혜를 갚아야 한다.

들에서 농사 짓는 사람은 임금의 땅으로 먹고살고 조정에 선 사람은 임금의 녹으로 먹고사니 사람은 본래 부모가 아니면 태어나지 못한다. 또한 임금이 아니면 먹고살지 못한다. 그러므로 신하가 임금을 섬기는 일은 자식이 부모를 섬기는 것과 같아서 다만 의로움이 있는 바이면 목숨을 버리도록 충성을 다해야 한다.

사람은 동년배에게도 오히려 서로 선을 넘어선 안 되는데 하물며 나이도 나보다 많고 벼슬자리도 나보다 귀하고 도덕도 나보다 높은 사람에게서랴! 그러므로 제 사는 마을에 있으면 그 나이를 공경하고, 조정에 있으면 그 벼슬을 공경하여, 그 도를 존중하고 그 덕을 공경하는 일, 이것이 예이다.

漢字練習

從

좇을 종

免

면할 면

懷

품을 회

服

옷 복

勤

부지런할 근

沒

빠질 몰

致

이를 치

漢字練習

喪

잃을 상

報

갚을 보

朝

아침 조

祿

녹 록

舍

집 사

效

본받을 효

等

무리 등

漢字練習

輩								

무리 배

踰								

넘을 유

鄕								

시골 향

黨								

무리 당

齒								

이 치

爵								

벼슬 작

文章練習

人非父母면 無從而生이요 且人生三歲然後에

始免於父母之懷라

故로 欲盡其孝면 則服勤至死하고 父母沒이면

則致喪三年하여 以報其生成之恩이니라.

耕於野者는 食君之土하고 立於朝者는 食君之祿이니

人이 固非父母면 則不生이요 亦非君이면 則不食이라

故로 臣之事君이 如子之事父하여 唯義所在면

則舍命效忠이니라.

人於等輩에 尙不可相踰어든 況年高於我하고

官貴於我하고 道尊於我者乎아 故로 在鄕黨이면

則敬其齒하고 在朝廷이면 則敬其爵하여

尊其道而敬其德이 是禮也니라.

曾子曰 君子는 以文會友하고 以友輔仁이라 하시니 蓋
증자왈 군자 이문회우 이우보인 개

人이 不能無過나 而朋友有責善之道라 故로 人之所
인 불능무과 이붕우유책선지도 고 인지소

以成就其德性者는 固莫大於師友之功이라 雖然이나
이성취기덕성자 고막대어사우지공 수연

友有益友하고 亦有損友하니 取友를 不可不端也니라.
우유익우 역유손우 취우 불가부단야

同受父母之餘氣하여 以爲人者가 兄弟也라 且人之
동수부모지여기 이위인자 형제야 차인지

方幼也에 食則連牀하고 枕則同衾하여 共被父母之恩
방유야 식즉연상 침즉동금 공피부모지은

者가 亦莫如我兄弟也라 故로 愛其父母者는 亦必愛
자 역막여아형제야 고 애기부모자 역필애

其兄弟니라.
기형제

宗族이 雖有親疎遠近之分이나 然이나 推究其本하면
종족 수유친소원근지분 연 추구기본

則同是祖先之骨肉이니 苟於宗族에 不相友愛하면 則
즉동시조선지골육 구어종족 불상우애 즉

是忘其本也라 人而忘本이면 家道漸替니라.
시망기본야 인이망본 가도점체

字解

文_글월 **문**/ 글자, 문장, 무늬, 채색, 빛깔, 학문이나 예술.
輔_도울 **보**.
보인輔仁: 훌륭한 덕을 쌓도록 벗끼리 서로 도움.
責_꾸짖을 **책**/ 나무라다, 요구하다, 권하다// 책임, 의무.
책선責善: 벗 사이에 착하고 좋은 일을 하도록 서로 권함.
사우師友: 스승과 벗을 아우르거나 스승으로 삼을 만한 벗.
損_덜 **손**/ 줄이다, 잃다, 손해를 보다, 해치다, 상하게 하다.
端_끝 **단**/ 한계, 실마리, 단서, 까닭, 원인// 단정하다, 바르다.
餘_남을 **여**/ 남기다// 나머지, 여분.
連_잇닿을 **련**/ 연속하다.
牀_평상 **상**/ 상, 소반, 마루.
寢_잘 **침**/ 자다, 눕다, 쉬다// 침대.
衾_이불 **금**.
被_입을 **피**/ (옷을) 입다, 당하다, 받다.
疎_성길 **소**/ 성기다(물건의 사이가 뜨다), 멀다, 멀리하다, 멀어지다.
推_밀 **추**/ 추천하다, 천거하다, 헤아리다, 추측하다.
_밀 **퇴**.
가도家道: 집안의 규범 또는 대물림.
漸_점점 **점**/ 차츰// 번지다, 스미다, 적시다.
替_바꿀 **체**/ 대신하다, 쇠하다.

文解

증자가 말하길 군자는 문덕(학문의 덕 또는 군자다운 덕행)으로 벗을 모으고 벗끼리 서로 훌륭한 덕을 쌓도록 돕는다고 하셨다. 무릇 사람이 허물이 없을 수 없으나, 친구 사이엔 책선의 도리가 있는 까닭에, 사람이 그 덕성을 성취하는 데 있어서 참으로 스승으로 삼을 만한 벗의 공보다 큰 것은 없다. 비록 그렇지만, 벗에는 유익한 벗이 있고, 또한 해로운 벗이 있으니, 벗을 가려 사귀는 일은 바르게 하지 않을 수 없다.

부모에게서 여분의 기운을 함께 받아 사람이 된 것이 형제다. 또 사람이 바야흐로 어렸을 때에는, 식사를 하면 밥상에 붙어 앉고, 잠자리에 들면 이불을 같이 덮어, 부모의 은혜를 더불어 입은 것도 역시 내 형제만한 사람은 없다. 그러므로 그 부모를 사랑하는 사람은 또한 반드시 그 형제를 사랑한다.

일가친척은 비록 친하고 안 친하고 가깝고 먼 구별이 있으나, 그러나 그 근본을 미루어 깊이 생각하면 같은 선조의 골육을 함께하는 것이니, 진실로 일가친척에게 서로 우애하지 않는다면, 이는 그 근본을 잊은 것이다. 사람이면서 근본을 잊는다면 가도도 차츰 쇠퇴하게 된다.

漢字練習

責

꾸짖을 **책**

損

덜 **손**

端

끝 **단**

餘

남을 **여**

連

잇닿을 **련**

牀

평상 **상**

寢

잘 **침**

漢字練習

衾

이불 금

被

입을 피

疎

성길 소

推

밀 추

漸

점점 점

替

바꿀 체

文章練習

曾子曰 君子는 以文會友하고 以友輔仁이라 하시니

蓋人이 不能無過나 而朋友有責善之道라 故로

人之所以成就其德性者는 固莫大於師友之功이라

雖然이나 友有益友하고 亦有損友하니 取友를

不可不端也니라.

同受父母之餘氣하여 以爲人者가 兄弟也라

且人之方幼也에 食則連牀하고 枕則同衾하여

共被父母之恩者가 亦莫如我兄弟也라

故로 愛其父母者는 亦必愛其兄弟니라.

宗族이 雖有親疎遠近之分이나 然이나 推究其本하면

則同是祖先之骨肉이니 苟於宗族에 不相友愛하면

則是忘其本也라 人而忘本이면 家道漸替니라.

凡人稟性이 初無不善하여 愛親敬兄忠君弟長之道가
범인품성 초무불선 애친경형충군제장지도

皆已具於吾心之中이니 固不可求之於外面이요 而惟
개이구어오심지중 고불가구지어외면 이유

在我力行而不已也니라.
재아력행이불이야

人非學問이면 固難知其何者爲孝며 何者爲忠이며
인비학문 고난지기하자위효 하자위충

何者爲弟며 何者爲信이라 故로 必須讀書窮理하여 求
하자위제 하자위신 고 필수독서궁리 구

觀於古人하며 體驗於吾心하고 得其一善하여 勉行之면
관어고인 체험어오심 득기일선 면행지

則孝弟忠信之節이 自無不合於天敍之則矣니라.
즉효제충신지절 자무불합어천서지칙의

字解

接_이을 **접**/ 접하다, 접촉하다, 사귀다, 교제하다.

撫_어루만질 **무**/ 문지르다, 위로하다.

稟_여쭐 **품**/ 아뢰다// 천품, 바탕.

弟_아우 **제**/ 제자// 공손하다, 공경하다.

已_이미 **이**/ 벌써// 그치다, 그만두다.

窮_다할 **궁**/ 극에 달하다, 마치다, 중단하다, 궁하다, 가난하다, 연구하다, 궁구하다.

觀_볼 **관**/ 보게 하다, 보이게 하다// 용모, 모양, 생각.

驗_시험 **험**/ 증험, 효과, 보람// 시험하다, 검증하다, 조사하다, 효과 있다.

勉_힘쓸 **면**/ 권하다, 격려하다.

敍_펼 **서**/ 펴다, 늘어서다, 베풀다// 차례, 순서.

천서天敍: 군신 · 부자 · 형제 · 부부 · 붕우의, 하늘이 정한 차례나 순서.

文解

부모은 사랑하고 자식은 효도하며, 형은 아끼고 동생은 공경하며, 남편은 아내의 뜻에 맞추고 아내는 남편의 뜻에 따르며, 임금을 충성스럽게 섬기면서 다른 사람을 공손하게 대하며, 벗에게 믿음을 주면서 일가친척에게 마음씀씀이가 후하다면, 덕이 아주 높은 훌륭한 사람이라고 말할 수 있다.

무릇 사람의 타고난 성질은 처음에는 착하지 않음이 없어, 어버이를 사랑하고 형을 공경하고 임금에게 충성하고 어른에게 공손하는 도리가 모두 이미 내 마음 속에 갖춰져 있으니, 도리어 바깥에서 그것을 찾을 수 없으며 오직 내가 힘써 행하고 그만두지 않는 데 있을 따름이다.

사람이 지식을 배우고 익히지 않으면, 참으로 그 무엇이 효가 되며, 어떤 것이 충이 되며, 어떤 것이 공경이 되며, 어떤 것이 신의가 되는지 알기 어렵다. 그러므로 반드시 책을 읽고 이치를 깊이 생각하여 옛사람에게서 구하고 살피며 내 마음에 직접 겪어 보고 그 한 가지 좋은 것을 얻어 힘써 행한다면 효도, 공경, 충성, 신의의 범절은 하늘이 정한 차례의 법칙에 저절로 합하게 될 것이다.

漢字練習

接

이을 접

撫

어루만질 무

稟

여쭐 품

窮

다할 궁

驗

시험 험

勉

힘쓸 면

敍

펼 서

文章練習

父慈而子孝하며 兄愛而弟敬하며 夫和而妻順하며

事君忠而接人恭하며 與朋友信而撫宗族厚하면

可謂成德君子也니라.

凡人稟性이 初無不善하여 愛親敬兄忠君弟長之道가

皆已具於吾心之中이니 固不可求之於外面이요

而惟在我力行而不已也니라.

人非學問이면 固難知其何者爲孝며 何者爲忠이며

何者爲弟며 何者爲信이라 故로 必須讀書窮理하여

求觀於古人하며 體驗於吾心하고 得其一善하여

勉行之면 則孝弟忠信之節이 自無不合於天敍

之則矣니라.

收斂身心이 莫切於九容이니 所謂九容者는 足容重
수렴신심 막절어구용 소위구용자 족용중

하며 手容恭하며 目容端하며 口容止하며 聲容靜하며 頭
수용공 목용단 구용지 성용정 두

容直하며 氣容肅하며 立容德하며 色容莊이니라.
용직 기용숙 입용덕 색용장

進學益智가 莫切於九思니 所謂九思者는 視思明하며
진학익지 막절어구사 소위구사자 시사명

聽思聰하며 色思溫하며 貌思恭하며 言思忠하며 事思敬
청사총 색사온 모사공 언사충 사사경

하며 疑思問하며 忿思難하며 見得思義니라.
의사문 분사난 견득사의

右는 人篇이라.
우 인편

字解

수렴收斂: 행실이 좋지 못한 사람이 몸과 마음을 가다듬고 단속함.

切_끊을 **절**/ 베다, 자르다, 절박하다, 적절하다, 정성스럽다.

_온통 **체**/ 모두.

容_얼굴 **용**/ 모양, 용모, 몸가짐// 담다, 받아들이다, 용서하다.

肅_엄숙할 **숙**/ 정중하다, 공경하다, 삼가다.

聰_귀 밝을 **총**/ 똑똑하다, 총명하다.

貌_모양 **모**/ 얼굴, 행동거지.

疑_의심할 **의**/ 헷갈리다, 믿지 아니하다.

忿_성낼 **분**/ 화내다, 원망하다/ 분, 분한 마음.

文解

몸과 마음을 잘 단속하는 일은 구용보다 알맞은 것은 없으니, 이른바 구용이란 발의 모습은 무거우며, 손의 모습은 공손하며, 눈 모양은 단정하며, 입 모양은 가만있으며, 소리 내는 모습은 조용하며, 머리의 모습은 곧으며, 숨쉬는 모양은 엄숙하며, 서 있는 모습은 덕스러우며, 얼굴 모습은 씩씩한 것이다.

배움으로 나아가고 지혜를 더해가는 일은 구사보다 알맞은 것은 없으니, 이른바 구사란, 볼 때는 뚜렷하게 볼 것을 생각하며, 들을 때는 똑똑히 들을 것을 생각하며, 얼굴빛은 온화할 것을 생각하며, 용모는 공손할 것을 생각하며, 말할 때는 정성스러울 것을 생각하며, 일할 때는 진실하게 일할 것을 생각하며, 의심 날 때는 질문할 것을 생각하며, 화가 날 때는 곤란스러워질 것을 생각하며, 이득을 보면 의로움을 생각하는 것이다.

이상은 인편이다.

漢字練習

切

끊을 절

容

얼굴 용

肅

엄숙할 숙

聰

귀 밝을 총

貌

모양 모

疑

의심할 의

忿

성낼 분

文章練習

收斂身心이 莫切於九容이니 所謂九容者는

足容重하며 手容恭하며 目容端하며 口容止하며

聲容靜하며 頭容直하며 氣容肅하며 立容德하며

色容莊이니라.

進學益智가 莫切於九思니 所謂九思者는

視思明하며 聽思聰하며 色思溫하며 貌思恭하며

言思忠하며 事思敬하며 疑思問하며 忿思難하며

見得思義니라.

右는 人篇이라.